ANALIZA KSIĄŻKI

Sztuka wojny

• • • • • • • • • • • • • • • • • • • •

SUN ZI

ANALIZA KSIĄŻKI

Napisany przez Christophe Van Staen
Przetłumaczony przez Kâmil Kowalski

Sztuka wojny

· ·

SUN ZI

SUN ZI

CHIŃSKI GENERAŁ, STRATEG I FILOZOF

- **Urodził się w VI wieku p.n.e.**

- **Zmarł w V wieku p.n.e.**

- **Jego praca:**

- *Sztuka wojny* (VIw. p.n.e.), traktat o strategii wojskowej

Biografia Sun Zi (jego prawdziwe imię brzmiało Sun Wu, co w rzeczywistości oznacza "Mistrz Słońca") jest niekompletna i wątpliwa, gdyż udokumentowano ją dopiero wieki po jego śmierci. Według tradycji ten generał z państwa Qi (na północy dzisiejszej prowincji Shandong w Chinach) żył w VI wieku p.n.e., w okresie Wiosny i Jesieni (lub okresu Chunqiu, 722-481 p.n.e.). Rozpowszechnienie jego *Sztuki wojny* sprawiło, że zainteresował się nim król Helu z państwa Wu (obecnie prowincja Zhejiang). Po poddaniu go próbie, aby sprawdzić jego wiedzę, mianował go generałem swoich wojsk.

SZTUKA WOJNY

NAJSTARSZY ZNANY TRAKTAT O STRATEGII WOJSKOWEJ

- **Gatunek:** Traktat o strategii

- **Wydanie referencyjne:** *L'Art de la guerre*, tłumaczenie z chińskiego i wydanie krytyczne Valérie Niquet, Paris, Éditions Economica, coll. "Bibliothèque stratégique", 1999, 178 s.

- **Pierwsze wydanie:** nieznane, uważa się, że powstało około vi[e] wieku p.n.e.

- **Tematyka:** wojna, strategia, psychologia, rozwaga, wiedza, filozofia

Sztuka wojny Sun Zi *to* najstarsze znane dzieło o strategii wojskowej. Według autora, dobrze prowadzona wojna musi być szybka i niedroga. Uczy sztuki zwyciężania poprzez zmuszanie przeciwnika do popełnienia błędu lub poddania się, przykłada dużą wagę do psychologii, sprytu i szpiegostwa.

Traktat ten wywarł decydujący wpływ na myślenie wojskowe, a następnie menedżerskie (zarządzanie przedsiębiorstwem) na całym świecie. Co więcej, nacisk na psychologię walki odbija się echem w wielu współczesnych konfliktach.

STRESZCZENIE

Przedstawiamy krótkie streszczenie podstawowych zasad omówionych w Sztuce Wojny, dzieląc je na pięć sekcji:

- pierwszy opisuje ogólną strukturę pracy;

- drugi i trzeci przedstawiają zalecenia psychologiczne (dotyczące wiedzy o przeciwniku i stosowania podstępu);

- czwarty i piąty dotyczą porad taktycznych (w zakresie dobrego zarządzania wojskiem i ograniczania ryzyka).

STRUKTURA PRACY

Książka składa się z 13 artykułów obejmujących wszystkie aspekty sztuki wojennej według Sun Zi. Są one od siebie niezależne i nie mają stanowić chronologicznego wyjaśnienia etapów przygotowawczych do konfrontacji. Ta sekwencyjna organizacja jest jednak dość luźna i wynika z jednej filozofii, a często zdarza się, że pojęcia eksponowane w jednym rozdziale powtarzają się w kolejnych.

Następuje też przesunięcie perspektywy z tego, co ogólne, na to, co konkretne. Rzeczywiście, pierwszy artykuł poświęcony jest planom strategicznym, a ostatnie konkretnym zaleceniom, takim jak atak ogniowy czy szpiegostwo.

Sun Zi przekonuje, że zwycięstwo militarne to kwestia kalkulacji: "Sztuka wojenna to: pierwszy pomiar, drugi szacunek możliwości, trzeci kalkulacja, czwarty ocena, piąty zwycięstwo. (s. 116) Generał, który wygrywa, jest zatem najbardziej dalekowzroczny, ten, który wziął pod uwagę zestaw zmiennych, których Sun Zi dokonuje inwentaryzacji (na przykład topografia, morale wojsk czy okoliczności konfrontacji).

WIEDZA O WROGU

Jeden z najbardziej znanych cytatów Sun Zi brzmi: "Poznaj swojego wroga i poznaj siebie, aby zwycięstwo nie było niepełne [...]". (s. 135) Ponieważ sztuka wojenna, według niego, polega na opanowaniu różnych zmiennych, zalecenie to jest istotne, gdyż wśród tych, które podkreśla, są: ogólność, metoda i cnota przeciwnika.

- Sun Zi wyjaśnia, że dobry generał musi umieć prowadzić swoje oddziały "jak stado owiec" (s. 139). Ta moc pochodzi ze sprawiedliwości jego rozkazu. Następnie strateg kreśli portret psychologiczny kilku generałów, którym brakuje tej cechy, wskazując, jak ją wykorzystać: "Ten, którego ludzie cały czas się kłócą i maszerują razem, stracił zaufanie swoich żołnierzy. Ten, kto rozdaje zbyt wiele nagród, ma kłopoty. Ten, kto karze dużo, ma kłopoty. (p. 131)

- Metoda odnosi się do organizacji oddziałów, która różni się w poszczególnych armiach.

- Przez cnotę rozumie wreszcie moralną przyczynę kampanii wojskowej i zgodę poddanych z ich władcą, od której zależy ich zaangażowanie w konflikt.

Dane te muszą być znane, aby prowadzić skuteczną wojnę, stąd znaczenie szpiegów, co podkreśla autor, poświęcając ich wykorzystaniu trzynasty ze swoich artykułów. Zauważa też, że ta wiedza o przeciwniku musi pochodzić nie tylko z obserwacji, ale i z prowokacji: "Trzeba go poddać próbie, aby poznać jego mocne i słabe strony." (p. 122)

WOJNA PSYCHOLOGICZNA

Utrudnianie działań przeciwnika to kolejny centralny punkt *Sztuki Wojny* Sun Zi. W całym swoim tekście autor kładzie nacisk na znaczenie zwodzenia przeciwnika: "Trzeba zmusić wroga do obrania okrężnych dróg, zwabić go za pomocą przynęt [...]". (p. 124)

Pojęcie kontrwywiadu pojawia się następnie w jego traktacie, poprzez zalecenie organizowania przecieków fałszywych informacji ("Wojna jest sztuką zwodzenia. Dlatego ten, kto jest zdolny, musi sprawić, by uwierzono, że jest niezdolny", s. 108); "Aby przekazać fałszywą informację na zewnątrz, upewniam się, że moi właśni szpiedzy wiedzą o niej i przekazują ją szpiegom wroga [...]", s. 145).

Celem tych manewrów jest możliwość "wykorzystania faktu, że przeciwnik nie jest gotowy, zaatakowania tam, gdzie się nie spodziewa, w sposób nieprzewidywalny" (s. 137). W trzecim artykule Sun Zi wyjaśnia, że lepiej jest najpierw zaatakować plany i sojusze wroga, niwecząc w ten sposób okoliczności sprzyjające jego zwycięstwu, zanim zaatakuje się jego armie. "Dobry strateg podporządkowuje sobie wroga bez walki, zajmuje wrogie miasta bez atakowania ich" (s. 112) – pisze.

Od tego momentu priorytetem jest poddanie się. Można ją osiągnąć, jeśli pozbawi się przeciwnika jego mocy: "Musisz najpierw zagarnąć to, co najbardziej ceni, wtedy cię posłucha". (s. 137) Dominację osiąga się więc nie przemocą, lecz umiejętnościami i sprytem, dzięki którym unika się ciężkich strat w ludziach.

ZASADA DOBREGO ZARZĄDZANIA

Jeśli Sun Zi dąży do minimalizacji strat w ludziach, to dlatego, że jego *Sztuką Wojny* rządzi ogólna zasada oszczędności. Poleca:

- zmniejszyć ilość zaopatrzenia potrzebnego armii poprzez przejęcie zasobów żywnościowych przeciwnika ("mądry generał musi żywić się wrogiem", s. 111) oraz jego sprzętu wojskowego i wykorzystać je przeciwko niemu;

- zmniejszyć zmęczenie żołnierzy poprzez unikanie zbędnych podróży. I odwrotnie, radzi zachęcać przeciwnika do pokonania dzielącego ich dystansu, spodziewając się, że po przybyciu na miejsce będzie najbardziej wyczerpany. "Dobry wojownik musi przyciągać wroga, a nie być przez niego przyciągany" (s. 120) – wyjaśnia;

- aby utrzymać wysokie morale żołnierzy. "Jeśli żołnierze są karceni, ale nie kochani, nie można na nich polegać. (s. 132) Zakłada to pewne cechy u ich generała, który musi być wobec nich sprawiedliwy i bezstronny. Łańcuch dowodzenia musi być również silny na całej długości, a od generała wymaga się, aby kultywował te same cechy u wszystkich swoich podwładnych, ponieważ "[i]jeśli żołnierze są silni, a oficerowie słabi, to prowadzi to do opieszałości" (s. 134).

Wreszcie Sun Zi precyzuje, że generał może odmówić wykonania rozkazu swojego suwerena, jeśli suweren zmusza go do uchylenia się od bezwzględnej zasady inteligentnego kierowania siłami zbrojnymi: "Jeśli zwycięstwo jest pewne, a suweren mówi 'nie walcz', wolno walczyć; jeśli zwycięstwo nie jest możliwe, a suweren mówi 'musisz walczyć', wolno nie walczyć". (p. 135)

ZASADA OSTROŻNOŚCI

Obok zasady gospodarności istnieje zasada roztropności, która nakazuje nie zarządzać żadnego ruchu oddziałów bez pewności, że nie zagrozi on armii. Bez pewności zwycięstwa Sun Zi zaleca unikanie jakiejkolwiek konfrontacji: "Nie należy atakować wroga na wysokim terenie; nie należy przeciwstawiać się wrogowi opartemu o wzgórze; nie należy ścigać wroga, który udaje, że ucieka [...]". (p. 126)

W idealnym przypadku walka jest pożądana tylko wtedy, gdy po własnej, a nie po drugiej stronie spełniony jest szereg warunków: nastrój (czyli determinacja), umysł (czyli jasność), siła (czyli witalność) i okoliczności (czyli przygotowanie). Tak więc Sun Zi stwierdza, że "dyspozycje tych, którzy nie popełniają błędów, muszą triumfować: zwyciężają nad wrogiem pokonanym z góry. [...] Dlatego zwycięska armia jest zwycięska nawet zanim szuka bitwy" (s. 116).

Ostrożność ta implikuje konieczność uwzględnienia również zmiennych niezależnych od przeciwnika: warunków klimatycznych i topografii. Sun Zi poświęca swój dziesiąty i jedenasty artykuł konfiguracji terenu, wśród których wyróżnia dziewięć typów, każdy o innych cechach, sprzyjających atakowi lub obronie.

OŚWIECENIE

NIEJEDNOZNACZNY STATUS

Istnieją pewne wątpliwości co do dokładnego statusu *Sztuki wojny, która jest* czasem uważana za oryginalny dokument, a czasem za pośredni zapis nauczania Sun Zi. [e]Samo istnienie tej osobowości zostało zakwestionowane przez niektórych komentatorów, którzy przypisują ten traktat Sun Binowi, strategowi z IV wieku p.n.e., którego życie jest lepiej udokumentowane. Choć hipoteza ta została odrzucona przez współczesnych badaczy, dokładna tożsamość Sun Zi pozostaje niepewna.

Pytanie o prawdziwego autora traktatu pozostaje złożone. Każdy artykuł jest rozpoczynany frazą "Sun Zi powiedział", co może sugerować, że jest napisany przez osobę trzecią. Jednak wiele fragmentów jest napisanych w pierwszej osobie liczby pojedynczej. Ponadto użyty ton ekspercki sugeruje, że uwagi te nie są dziełem zwykłego kopisty, ale prawdziwego stratega. Świadczy o tym np. peremptoryczne stwierdzenie o znaczeniu przygotowania: "Obserwując obie strony przez to kryterium, mogę zobaczyć, kto wygra, a kto zostanie pokonany." (p. 109)

ODBIÓR I POTOMNOŚĆ

Traktat Sun Zi został wkrótce szeroko rozpowszechniony i komentowany w Chinach. Znaczne uznanie zyskał w Xi wieku n.e., kiedy to cesarz Shen Zong (1048-1085) edyktem ukoronował go jako "wojskowy klasyk", wraz z sześcioma innymi tekstami. Tych siedmiu klasyków było odtąd nauczanych wszystkich oficerów w Imperium, a wśród nich *Sztuka wojny była* uważana za najważniejszą.

Odkryty na nowo w czasach nowożytnych, po tym jak został nieco zaniedbany, traktat miał znaczący wpływ na wczesne pisma Mao Zedonga (Pierwszego Przewodniczącego Chińskiej Republiki Ludowej, 1893-1976). Na początku wojny domowej (1927-1950) jego obóz był liczebnie słabszy, co skłoniło go do zastosowania technik walki partyzanckiej, a od tego momentu do stosowania zaleceń Sun Zi, które były związane w równym stopniu z zasadami ekonomii i roztropności, co z psychologią. Mao Zedong odmówił jednak przyjęcia tego dziedzictwa – akademicki, a zatem elitarny status traktatu był szkodliwy dla jego doktryny, zgodnie z którą przeszłość musi zostać wymazana, aby oddać władzę ludowi – i zamiast tego pracował nad ponownym przyjęciem nakazów stratega.

Po stronie zachodniej *Sztuka wojny* została wprowadzona we Francji dopiero w XVIII wieku, za pośrednictwem jezuickiej misji w Chinach (1582-1773). Jej pierwszym tłumaczem był ksiądz Joseph-Marie Amiot (francuz, 1718-1793), który opublikował ją w 1772 roku pod tytułem *Les Treize Articles*. Wersja ta, której zasługą jest rozpowszechnienie nakazów Sun Zi w świecie francuskojęzycznym, nie jest jednak zbyt wierna oryginałowi: Amiot zamieszcza wyjaśnienia tekstu i komentarze. Zastąpiono więc inne tłumaczenia, ale oparte na angielskich wersjach tekstu. Dopiero pod koniec XX wieku ukazało się pierwsze francuskie wydanie krytyczne *L'Art de la guerre*.

Książka ta jest obecnie uznawana na całym świecie za klasykę gatunku i dlatego jest zalecaną lekturą w akademiach wojskowych. Znalazła ona również zastosowania poza obszarem wojskowym, w dziedzinie strategii prawnej oraz w środowisku konkurencyjnym dużych firm, zwłaszcza amerykańskich i japońskich. Na przykład cechy charakteru, które Sun Zi postuluje dla generałów, są dziś podstawą sukcesu menedżerów; znajomość przeciwnika i oszczędne gospodarowanie zasobami są niezbędne w każdej sytuacji konkurencyjnej; co do szpiegostwa, to jeśli chiński generał pojmuje je jako wojskowe, to może być ono również przemysłowe.

KLUCZE DO CZYTANIA

DIALEKTYKA INWENTARYZACJI

Dialektyka to metoda rozumowania lub dyskusji. Ten preferowany przez Sun Zi *w Sztuce wojny* przypomina inwentarz. Wymienia on wiele zmiennych związanych z domeną wojskową (dowodzenie, okoliczności, topografia itp.), które następnie wyszczególnia po kolei, tłumacząc wynik aż tylu różnych scenariuszy. W traktacie wymieniono zatem kilka serii:

- pięć atutów (stan terenu, szlaki komunikacyjne, słabość armii, generała i fortyfikacje przeciwnika);

- pięć niebezpieczeństw dla generała (chcieć koniecznie umrzeć, chcieć koniecznie żyć, być złym, być uczciwym i nieprzekupnym, kochać swoich ludzi za bardzo);

- cztery sposoby rozmieszczenia wojsk (w górach, w pobliżu rzek, na słonych bagnach, na wysokich równinach);

- sześć rodzajów terenu (które można przekroczyć, których trzeba się wystrzegać, które trzeba utrzymać, gdzie są trudne przejścia, które są niebezpieczne, a które odległe);

- sześć kataklizmów (ucieczka, uwolnienie, ryzyko upadku na rzecz wroga, upadek, zamieszanie i klęska);

- dziewięć rodzajów terytorium (rozproszenie, łatwe, o które można walczyć, spotkanie, skrzyżowanie, trudne, gdzie można zostać zniszczonym, otoczonym i śmiertelnym);

- pięć sposobów atakowania ogniem (palenie ludzi, sklepów, wagonów z zaopatrzeniem, magazynów i oddziałów) oraz pięć rodzajów ognia;

- pięć typów szpiegów (wpływowy, wtajemniczony, oblatany, poświęcony i musi żyć);

- itp.

Poprzez tę dialektykę inwentaryzacji *Sztuka wojny* ma powołanie wyczerpujące: stara się objąć każdy możliwy scenariusz wojny. Sun Zi postrzega swoją pracę jako sposób "kodyfikowania jej poprzez [zmienne], [studiowanie] jej poprzez tworzenie planów, aby doskonale zrozumieć sytuację" (s. 107). Podejście stratega do tej kodyfikacji sprawia, że praktyka wojenna staje się sztuką samą w sobie.

FILOZOFICZNE PODŁOŻE
"SZTUKI WOJNY"

Sztuka Wojny ma pewne korzenie w taoizmie. Taoistyczne przekonanie o nietrwałości wszystkich stanów jest podstawą strategii Sun Zi. Według niego zwycięstwo należy przechwycić tylko wtedy, gdy warunki są sprzyjające; jeśli tak nie jest, należy opóźnić konfrontację. Dobry generał musi więc umieć dostrzec ciągłą zmienność czynników wpływających na wynik bitwy.

Jeśli ten ostatni potrafi trafnie odczytać rozwój okoliczności na froncie zbrojnym, wie, kiedy uderzyć. Sun Zi zaleca więc posuwanie się naprzód, gdy wróg jest słaby i wycofywanie się, gdy jest silny. Filozofię tę wyraża szczególnie w szóstym artykule, zatytułowanym "O Pustce i Pełni". Pisze tam, używając metafory, że "armia powinna być jak woda: jak woda unika wysokości i pędzi w zagłębienia, tak armia unika tego, co pełne, a atakuje to, co puste" (s. 123).

Aby zilustrować uniwersalny charakter tej mobilności rzeczy, Sun Zi wykorzystuje teorię pięciu żywiołów (drewna, ognia, ziemi, metalu i wody), która jest centralna dla filozofii taoistycznej ("Żaden z pięciu żywiołów nie dominuje na zawsze nad pozostałymi; żadna z czterech pór roku nie jest wieczna; niektóre dni są krótkie, inne długie; księżyc umiera i odradza się", s. 123).

W swojej retoryce Sun Zi podejmuje również komplementarne opozycje filozofii chińskiej (tzw. yin i yang), np. opisując zmienne warunki klimatyczne ("światło i cień, zimno i ciepło", s. 107). Niektórzy komentatorzy twierdzą ponadto, że opisując wojnę jako "drogę do przetrwania lub unicestwienia" (s. 107), strateg odwołuje się do Drogi w taoistycznym rozumieniu tego terminu, który odnosi się do osobistej drogi moralnej.

PRZEWODNIK, A NIE PODRĘCZNIK

W swoim traktacie wojskowym Sun Zi używa bardzo kategorycznego tonu w sposobie przedstawiania swoich zaleceń. Dzieło to wydaje się więc być przedstawione jako podręcznik, którego reguł należy przestrzegać co do joty, na co zdają się wskazywać liczne nakazy, w które obfituje tekst ("Sun Zi mówi", "Ty musisz", "Generał musi" itp.).

Jednak gdy przyjrzysz się bliżej, zauważysz, że większość z przedstawionych pomysłów to tak naprawdę szerokie zasady, o których należy pomyśleć podczas układania planu walki, a nie techniki i wskazówki do bezpośredniego zastosowania. Rzeczywiście, jego rady rzadko są połączone z konkretnymi wyjaśnieniami. Na przykład, choć mówi, że "na wojnie najlepiej jest atakować połączone plany wroga" (s. 112), Sun Zi nie wyjaśnia konkretnie, jak pokonać wroga. Nie ilustruje swoich słów żadnymi historiami wojennymi, ani nawet historiami prawdziwych generałów, nie podaje też żadnych przykładów udanych planów bitewnych czy innych strategii.

Odtąd to, co zdaje się wyłaniać z wierszy, bliższe jest ideałowi, jakim jest generał i dobrze prowadzona wojna. Zasady, które Sun Zi głosi, są więc przede wszystkim radami, które należy rozważać, badać i integrować, aby stać się lepszym generałem lub, zgodnie z bardziej nowoczesnym odczytaniem, lepszym dyrektorem firmy. *Sztuka wojny* jest więc artykułowana jako przewodnik, który opowiada się raczej za sposobem bycia niż za sposobem działania. Z tego powodu traktat ten ma jednakowe zastosowanie w dziedzinie wojskowości, gospodarki, a nawet sportu.

DROGI DO REFLEKSJI

KILKA PYTAŃ DO DALSZEJ REFLEKSJI...

- Co takiego jest w jej zasadach, że *Sztuka wojny jest tak aktualna 25 wieków po jej napisaniu?*

- Sun Zi powiedział: "Aby posuwać się niepowstrzymanie, trzeba pędzić w luki wroga". (s. 121) Skomentuj jego wypowiedź.

- W jaki sposób generał może poznać swojego wroga?

- Jaka jest korzyść dla żołnierza, gdy służy pod generałem dobrze zorientowanym w *Sztuce Wojny* Sun Zi*?*

- Jaki wpływ miała filozofia taoistyczna na nakazy chińskiego generała?

- W jaki sposób można powiedzieć, że Sztuka Wojny ma wyczerpujące powołanie?

- Sun Zi, zezwalając generałowi na nieposłuszeństwo wobec rozkazów swego króla, jeśli są one szkodliwe, faworyzuje zasadę inteligentnego zarządzania nad ścisłym posłuszeństwem. Jaki dryl może wywołać taka licencja?

- Choć generałowie mają tę swobodę, strateg zaleca im zapewnienie najściślejszego posłuszeństwa ludzi i oficerów w armii. Jaka cecha, brakująca u zwykłych żołnierzy, ale obecna u dobrych generałów, to uzasadnia?

- Czy wojna, według Sun Zi, jest sprawą cnoty? Uzasadnij swoją odpowiedź.

- Czy Pana zdaniem studiowanie tego dzieła może wyszkolić prawdziwego geniusza wojskowego w sztuce wojennej, biorąc pod uwagę, że traktat ten proponuje unikalną receptę?

ABY PÓJŚĆ DALEJ

WYDANIE REFERENCYJNE

Sun Zi, *Sztuka wojny*, przekład z języka chińskiego i wydanie krytyczne Valérie Niquet, wstęp Maurice Prestat, Paris, Éditions Economica, kolekcja « Bibliothèque stratégique », 1999.

BADANIA PORÓWNAWCZE

Fayard P., *Comprendre et appliquer Sun Tzu. La pensée stratégique chinoise : une philosophie en action*, Paris, Dunod, coll. « Stratégies et Management », 2004.

Niquet V., *Les Fondements de la stratégie chinoise*, Paris, Éditions Economica, coll. « Hautes études stratégiques », 1997.

Phélizon J.-F., *Relire l'Art de la guerre de Sun Tzu*, Paris, Éditions Economica, coll. « Stratèges et stratégies », 2008.

ADAPTACJA

The Art of War, manhua (chiński komiks) autorstwa Li Zhiqing i Li Weimin, 1995-2006.

Chcemy usłyszeć od Ciebie, co się dzieje!
Zostaw komentarz na temat swojej internetowej biblioteki
i podziel się swoimi ulubionymi książkami w mediach społecznościowych!

www.50minutes.com

Master ISBN: 9782808694926
Papierowy ISBN: 9782808616324
Depozyt prawny: D/2023/12603/1912

Verhaal: © Primento

Projekt cyfrowy: Primento, cyfrowy partner wydawców.